AF233880

8° F Pièce
2845

(Conserver la couverture)

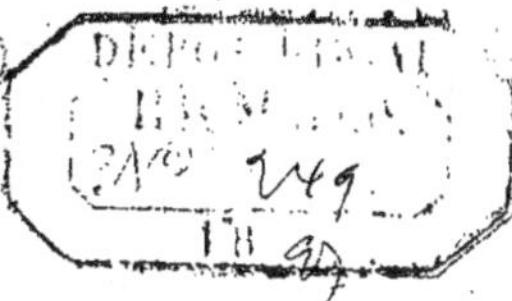

PROTECTION DE LA PROPRIÉTÉ INDUSTRIELLE

—

DE LA

DÉCHÉANCE DU BREVET

POUR DÉFAUT D'EXPLOITATION

NÉCESSITÉ DE DÉTERMINER LE SENS DU MOT *EXPLOITER*

EMPLOYÉ PAR L'ARTICLE 5

DE LA CONVENTION INTERNATIONALE DU 20 MARS 1883

—

NOTES ET OBSERVATIONS

PRÉSENTÉES A LA

CONFÉRENCE DIPLOMATIQUE DE BRUXELLES

(*Décembre 1897*)

PAR

Charles CONSTANT

AVOCAT A LA COUR D'APPEL DE PARIS

MEMBRE DE L'ASSOCIATION INTERNATIONALE POUR LA PROTECTION

DE LA PROPRIÉTÉ INDUSTRIELLE

—

PARIS

A. PEDONE, Libraire-Éditeur

13, RUE SOUFFLOT, 13

—

1897

Pièce

8° F

2845

DU MÊME AUTEUR

Union internationale pour la protection de la propriété indus-trielle, texte annoté de la Convention de Paris du 20 mars 1883, mo-difiée et complétée par les Conférences de Rome (1886) et de Madrid (1890). — Paris, A. Pedone, 1892, brochure in-8°.

Union internationale pour la protection des œuvres littéraires et artistiques, Convention de Berne du 9 septembre 1886 et acte addi-tionnel de Paris du 4 mai 1896 ; textes et documents publiés avec quel-ques observations. — Paris, A. Pedone, 1896, brochure in-8°.

Code général des droits d'auteur sur les œuvres littéraires et artistiques, contenant le texte avec notes et commentaires de la Con-vention de Berne de 1886 ainsi que la traduction des lois internes des divers États d'Europe sur la matière. — Paris, A. Pedone, 1888, vol. in-16 de 380 pages.

Code des théâtres. — Paris, A. Pedone, 2e édition, 1882, vol. in-18.

De l'exécution des jugements étrangers, dans les divers pays. — Paris, A. Pedone, 1890, vol. in-8°.

DE LA DÉCHÉANCE DU BREVET

POUR DÉFAUT D'EXPLOITATION

NÉCESSITÉ DE DÉTERMINER LE SENS DU MOT *EXPLOITER*

EMPLOYÉ PAR L'ARTICLE 5

DE LA CONVENTION INTERNATIONALE DU 20 MARS 1883

En 1880, lors de la discussion de l'avant-projet de Convention internationale qui devint la Convention du 20 mars 1883, il n'y avait guère que la loi française de 1844 qui contînt l'interdiction absolue pour le breveté, à peine de déchéance, d'*introduire* en France des objets fabriqués en pays étrangers et semblables à ceux qui étaient garantis par son brevet. La plupart des autres législations se bornaient à exiger que le breveté *exploitât* son invention dans le pays qui lui avait délivré le brevet.

Le projet de Convention internationale écartait la cause de déchéance relative à l'*introduction* et demandait à la France ce sacrifice. Son article 4 était ainsi conçu :

« Le propriétaire d'un brevet d'invention aura la faculté d'*introduire* dans le pays où le brevet lui aura été délivré, des objets fabriqués dans l'un ou l'autre des pays contractants, sans que cette introduction puisse être une cause de déchéance de brevet. »

Le délégué de la Belgique, M. Dujeux, demanda alors d'écarter en même temps la déchéance pour défaut d'*exploitation* et proposa d'ajouter à l'article 4 du projet, un second paragraphe ainsi conçu :

« Le titulaire d'un brevet, qui *exploite* son invention dans l'un des États de l'Union, ne pourra être déchu de ses droits dans les autres pour défaut d'*exploitation*. »

Cette proposition fut combattue par les délégués de plusieurs États. Ils firent observer que le sacrifice demandé à la législation française, relatif à l'*introduction* et consenti par le délégué français, était suffisant; qu'il ne convenait pas d'en demander un autre aux législations internes des divers pays et qu'il fallait les respecter en ce qui concerne la déchéance pour défaut d'*exploitation*. C'est alors que M. Woerz, délégué de l'Autriche, proposa d'ajouter simplement à l'article 4 du projet ce membre de phrase :

« ..... pourvu qu'il *exploite* ladite invention conformément aux lois du pays où il introduit les objets brevetés. »

Cet amendement fut vivement combattu par MM. Demeur (Belgique) et Indelli (Italie). L'obligation pour le breveté d'exploiter son invention dans le pays où il a pris son brevet, dirent-ils, est une disposition législative qui a fait son temps. La société tout entière a intérêt à profiter d'une invention et elle ne peut en profiter que si l'on permet au breveté de l'exploiter là où cela lui est le plus profitable. S'il est possible de comprendre une disposition semblable dans une législation interne, il est impossible de ne pas la trouver mauvaise dans une législation internationale, dans une convention d'union entre plusieurs États pour la protection de la propriété industrielle.

Malgré ces observations, l'amendement de M. Woerz fut adopté, à titre purement transactionnel, pour ne pas rompre l'union projetée (1), et devint le second paragraphe de l'article 4 du projet ainsi conçu :

« Toutefois, le breveté restera soumis à l'obligation *d'exploiter* son brevet conformément aux lois du pays où il introduit les objets brevetés. »

C'est à la suite de ce vote que l'article 4 de l'avant-projet, devenu l'article 5 de la convention définitive, se trouva ainsi conçu :

« *L'introduction par le breveté, dans le pays où le brevet a été délivré, d'objets fabriqués dans l'un ou l'autre des États de l'Union, n'entraînera pas la déchéance.*

« *Toutefois, le breveté restera soumis à l'obligation d'exploiter son brevet conformément aux lois du pays où il introduit les objets brevetés.* »

____

(1) M. Bozérian (France), président de la Conférence dit en effet au moment du vote : « Pourquoi ceux qui professent des théories généreuses et libérales ne voteraient-ils pas le minimum auquel tout le monde adhère, en laissant à l'avenir le soin de le développer ? Il faut chercher moins ce que l'on veut que ce que l'on peut obtenir. »

I

Accorder au breveté la *faculté d'introduire*, dans tous les États de l'Union où le brevet lui aura été délivré, des objets fabriqués dans l'un ou l'autre de ces États, et ce sans limites, pendant toute la durée du brevet, voilà évidemment le côté libéral de la Convention de 1883.

Mais, après lui avoir concédé cette faculté d'introduction, lui imposer l'*obligation d'exploiter* son invention dans chacun des États où le brevet lui aura été délivré, si la législation de ceux-ci le prescrit, c'est incontestablement lui retirer d'une main l'avantage qu'on lui a concédé de l'autre.

Comprend-on, en effet, que le breveté — qui aura à grands frais installé une importante usine dans un des pays de l'Union où il a pris un brevet; qui pourra ainsi produire un grand nombre de machines brevetées, à un prix de revient calculé et déterminé ; qui pourra enfin introduire ces machines, pendant toute la durée de son brevet en telle quantité qu'il lui plaira, dans tous les autres États unionistes où il s'est fait également breveter, — puisse se trouver dans l'obligation, à peine de déchéance de son brevet, d'installer dans chacun de ces pays, ou même dans plusieurs d'entre eux, des usines qui produiront des machines destinées à faire concurrence à celles que le breveté peut librement y introduire sans encourir de déchéance !

C'est là pourtant la conséquence forcée de la stricte application de l'article 5 de la Convention de 1883, si l'on veut interpréter l'expression *exploiter*, contenue dans son second paragraphe, dans le sens de *fabriquer* et non dans le sens plus rationnel de *vendre*.

II

Cette question d'interprétation du mot *exploiter* s'est d'ailleurs posée au lendemain même de l'application de la Convention de 1883 et, les commentateurs n'ayant pu se mettre d'accord sur le sens et la portée de ce mot, la Conférence de Rome de 1886 proposa d'ajouter un troisième paragraphe à l'article 5, qui aurait été ainsi conçu :

« Chaque pays aura à déterminer le sens dans lequel il y a lieu d'interpréter chez lui le terme *exploiter*. »

Les résolutions votées par la Conférence de Rome n'ont pas

été ratifiées et il en a été de même de quelques-unes de celles votées, en 1890, par la Conférence de Madrid, notamment celle relative à l'interprétation du mot *exploiter* et qui était ainsi conçue :

« Chaque pays pourra déterminer le sens dans lequel il y a lieu d'interpréter chez lui le terme *exploiter*, au point de vue de l'application de l'article 5 de la Convention. »

La question d'interprétation du terme *exploiter* reste donc entière ; rien n'a encore été ajouté à l'article 5 de la Convention de 1883 à ce sujet ; la Conférence diplomatique qui doit se réunir à Bruxelles, le 1er décembre 1897, voudra-t-elle la trancher ?

Nous le souhaitons ardemment, car il nous paraît impossible, dans l'intérêt même de tous les industriels et commerçants des États unionistes, de laisser à l'appréciation souveraine et toujours quelque peu arbitraire des tribunaux de ces divers États, la détermination d'un mot sur le sens duquel tant d'hésitations se sont manifestées.

III

D'après la législation de la Grande-Bretagne et des États-Unis, on sait que le breveté n'est pas tenu d'exploiter son brevet ; il a le droit de l'exploiter et possède la jouissance exclusive de tous les avantages pouvant résulter pour lui de cette exploitation ; mais s'il aime mieux ne pas faire usage du privilège que la loi lui confère, cela ne regarde que lui seul ; la loi ne le frappe d'aucune peine et le brevet ne tombe pas en déchéance. Le breveté a satisfait à toutes les obligations qui lui sont imposées par la loi, lorsqu'il a fait connaître son invention d'une manière assez complète pour que les personnes du métier puissent la mettre en pratique, ce qu'elles sont libres de faire après l'expiration du brevet (1).

Cette législation libérale, tempérée d'ailleurs dans la législation anglaise par la faculté réservée au *Board of Trade* d'ordonner au breveté, qui n'exploite pas son brevet dans le royaume-uni, d'accorder des licences à la personne intéressée qui en demande et à des conditions raisonnables (2), semblerait devoir

---

(1) Exposé des motifs d'une proposition faite par le délégué des Etats-Unis à la Conférence de Madrid (1890).

(2) Article 22 de la loi du 25 août 1883, dont il n'a d'ailleurs pas été fait souvent usage, croyons-nous, en raison de son peu d'utilité pratique.

être adoptée par la prochaine Conférence de Bruxelles, parce qu'elle est conforme à l'esprit également libéral qui anime la Convention de 1883.

S'il en était ainsi le paragraphe 2 de l'article 5 disparaîtrait et pourrait être remplacé par la disposition suivante :

« Le titulaire d'un brevet, qui exploite son invention dans un des États de l'Union, ne pourra être déclaré déchu de ses droits dans les autres pour défaut d'exploitation. »

Mais, si l'on veut conserver le texte actuel de l'article 5 de la Convention de 1883, avec ses deux paragraphes tels qu'ils sont rédigés, et se borner à interpréter le mot *exploiter*, comme ont essayé de le faire les Conférences diplomatiques de Rome (1886) et de Madrid (1890), il convient de rejeter tout d'abord toute résolution qui n'aboutirait qu'à laisser le soin à chaque pays de l'Union de déterminer à sa guise le sens de cette expression. « On ne saurait laisser aux tribunaux de chaque pays contractant le droit d'interpréter à leur gré une disposition établie d'un commun accord et pour l'intérêt commun. Ce système serait contraire à toutes les règles juridiques qui président à l'exécution des engagements particuliers aussi bien qu'à ceux internationaux (1). » Il faut que la prochaine Conférence de Bruxelles donne enfin une définition précise, s'imposant à tous les États unionistes, et dise nettement si, par *exploiter*, il s'agit seulement de *vente*, ou s'il s'agit aussi de *fabrication*.

En donnant ainsi une définition du mot *exploiter*, les membres de la Conférence diplomatique de Bruxelles, qu'on veuille bien le remarquer, ne modifieront en rien les législations internes de chaque État unioniste, en ce qui concerne les brevets nationaux ; leur définition ne s'imposera aux tribunaux de ces États que dans l'application de la Convention de 1883, à propos de brevets en quelque sorte internationaux.

IV

Au surplus, que signifie donc le mot *exploiter* qui se rencontre dans le texte de l'article 5 de la Convention de 1883, aussi bien que l'expression de *mise en exploitation* que nous relevons dans le texte de la loi française du 5 juillet 1844 sur les brevets.

Il n'y a pas à rechercher, croyons-nous, dans les diverses lé-

---

(1) M. Monzilli, délégué du gouvernement italien à la Conférence de Rome (séance du 4 mai 1886).

gislations étrangères les expressions employées en cette matière, puisque la Convention de 1883 est rédigée officiellement en français et que c'est une expression française dont il s'agit de déterminer le sens et la portée.

Consultons tout d'abord les Dictionnaires. Littré dit : « *Exploiter* (fréquentatif du latin *explicare*), signifie faire valoir une chose, en tirer le produit. » Le dictionnaire de l'Académie française donne exactement la même définition et un arrêt de la cour de Paris (7e chambre), en date du 5 mars 1897, ayant à définir ce qu'il faut entendre par *exploitation* d'une source d'eaux minérales (Vichy), dit textuellement que, « au sens grammatical du mot, *exploiter* une chose c'est en tirer tout le parti possible, la faire valoir, en tirer les produits ».

Où trouve-t-on dans ces définitions qu'*exploiter* une invention veuille dire nécessairement *fabriquer* les produits d'une invention, alors qu'il suffit de les *vendre* pour les faire valoir et en tirer tout le parti possible ?

« Le législateur a voulu, dit M. Pouillet (1), que le brevet d'invention ne fût pas un titre stérile entre les mains de celui qui l'a sollicité. En échange du monopole qu'elle accorde à l'inventeur, la société réclame quelques avantages pour elle-même, et l'avantage qu'elle réclame d'abord, c'est de jouir tout de suite de l'invention, sauf à payer à son auteur le prix qu'il lui plaira de fixer ; mais il ne saurait dépendre de l'inventeur, après avoir fait connaître sa découverte, de la laisser inféconde, improductive ; les brevets doivent servir à assurer la marche du progrès, ils ne peuvent se transformer en barrière et l'entraver. Le breveté qui n'exploite pas, non seulement ne fait rien, mais il nuit à qui veut faire. La loi l'oblige donc à *exploiter* son invention dans un délai déterminé, sous peine de déchéance. »

Où donc est l'obligation pour le breveté de *fabriquer* les produits de son invention dans tel ou tel endroit plutôt que dans tel autre, pour remplir complètement le vœu de la loi ?

On comprend qu'avec une législation comme la législation française, qui interdit au breveté l'*introduction* d'objets brevetés ou fabriqués ailleurs que dans le pays qui a délivré le brevet, il soit contraint, pour *exploiter* son invention, de *fabriquer* dans ce pays. Mais, lorsque la faculté d'*introduire* est accordée au breveté, comme elle l'est par le paragraphe 1er de l'article 5 de

(1) *Traité des brevets d'invention*, édition de 1889, n° 506.

la Convention de 1883, est-ce que l'inventeur ne peut pas *exploiter* son brevet en se bornant à *vendre* les produits de son invention qu'il a pu librement *introduire*, sans être contraint de les *fabriquer* dans un endroit plutôt que dans un autre (1).

Aussi, M. le sénateur Bozérian, président de la Conférence diplomatique de Paris en 1880, disait-il avec sa grande autorité (séance du 8 novembre), au moment même où l'on allait commencer la discussion de l'article 4 de l'avant-projet, devenu l'article 5 de la Convention de 1883 : « *Il faut s'entendre sur le sens du mot* EXPLOITER ; *en français, il ne veut pas dire* FABRIQUER *mais* VENDRE (2). »

V

Pour donner au mot *exploiter* le sens de *fabriquer*, qu'il n'a pas et n'a jamais eu grammaticalement parlant, il faut avoir l'esprit hanté de préoccupations économiques et y mêler des questions de protectionnisme ou de libre échange, qui n'ont rien à voir, semble-t-il, dans la définition d'un mot. Nous en trouvons la preuve dans la jurisprudence française elle-même.

Voici, en effet, un jugement du tribunal de la Seine du 17 mars 1869, confirmé par adoption de motifs par un arrêt de la cour de Paris du 23 mars 1870 (Wilcox c. Aubineau), dans lequel nous relevons la phrase suivante : « .. En accordant à tout breveté le monopole industriel de son invention en France, le législateur a voulu que ce monopole, par une légitime compensation, fût *profitable au travail national* et, à cet effet, il a imposé au breveté l'obligation d'*établir en France le siège de sa fabrication privilégiée* (3). »

---

(1) Le législateur français a été logique dans la rédaction de l'article 32 de la loi du 5 juillet 1844. Dans le paragraphe 2, il prescrit au breveté l'*obligation d'exploiter* son invention en France ; il veut que l'inventeur exerce effectivement, d'une manière constante, sa nouvelle industrie sur le sol français ; par suite il lui interdit, dans le paragraphe 3, la *défense d'introduire*, c'est-à-dire d'aller puiser à l'étranger les objets qu'il doit fabriquer en France.

Au contraire, les rédacteurs de la Convention de 1883 auraient manqué de logique, si l'on veut interpréter le mot *exploiter* du second paragraphe de l'article 5 dans le sens de *fabriquer*. En effet, le paragraphe 1er de cet article donnant au breveté la *faculté d'introduire*, il n'est plus possible dans le paragaphe 2 de lui imposer l'*obligation de fabriquer*.

(2) DE MARTENS, *Recueil des traités*, nouvelle série, t. X, p. 35 et suiv.

(3) Il est certain que les paragraphes 2 et 3 de la loi française de 1844 n'ont été rédigés que dans *l'intérêt de l'industrie nationale* : la discussion de cette

BIBLIOTHÈQUE NATIONALE — B. F. — IMPRIMÉS

Un autre jugement du tribunal correctionnel de la Seine (11ᵉ chambre), en date du 5 décembre 1894 (Gestetner c. Eyquem), dit également : «... Cette dernière restriction (l'obligation d'exploiter), inspirée par une pensée de *protection pour le travail national*, ne peut s'entendre que de la fabrication... » et il ajoute : « Le poursuivant prétend vainement que la *vente* constitue un *mode suffisant d'exploitation*, puisque, dans ce système, elle se confondrait avec l'introduction même, qui ne peut, en effet, avoir d'autre but que cette opération commerciale... »

Enfin un jugement récent (15 juin 1897) de la 3ᵉ chambre du tribunal civil de la Seine (Hermann Cruson c. Schneider et Cie), exige aussi la *fabrication* en France pour mettre le breveté étranger à l'abri de la déchéance prononcée par l'article 42 de la loi de 1844. Il convient toutefois de remarquer, dans cette espèce, que le breveté étranger n'était pas ressortissant d'un des États signataires de la Convention de 1883 et que, de plus, la décision du tribunal est contraire aux conclusions données sur ce point par le ministère public (1).

Quoi qu'il en soit de cette jurisprudence, il est certain que les délégués du gouvernement français à la Conférence de Rome (1886) n'admettaient pas que cette interprétation du mot *exploiter* fût hors de toute discussion, puisqu'ils proposèrent eux-mêmes une nouvelle rédaction du second paragraphe de l'article 5 de la Convention de 1883 ainsi conçue :

« Toutefois le breveté restera soumis à l'obligation d'*exploiter* son brevet dans le pays où il lui a été délivré, *en y fabriquant les objets auxquels il s'applique.* »

En tous cas, et quelle que soit l'interprétation que les décisions judiciaires françaises ci-dessus rappelées aient donnée du mot *exploiter*, il convient aujourd'hui de rechercher s'il est utile de donner à cette expression une portée et une signification qu'elle n'a jamais eues dans la langue française, ou s'il convient au contraire de dire qu'un breveté *exploite* suffisamment son brevet sans encourir de déchéance, lorsqu'il ne s'est jamais refusé à en consentir des licences, lorsqu'il a tiré profit de son invention en offrant en vente les objets brevetés, lorsqu'il a mis le public à même de profiter de sa découverte. En agissant

loi devant la Chambre des Pairs (observations de M. de Barthélemy) en est la preuve.

(1) Voir le journal *Le Droit* du 29 juillet 1897.

ainsi, n'a-t-il pas satisfait pleinement au vœu de la loi la plus
rigoureuse qui oblige le breveté à *exploiter* son invention dans
un délai déterminé ; n'a-t-il pas « fait jouir de suite de son invention la société, — comme le demande M. Pouillet, — en
échange du monopole (1) qu'elle lui a accordé ».

Bien mieux, si au lieu de permettre au breveté ressortissant
d'un des États unionistes, de ne fabriquer les produits de son
invention que dans l'un de ces États, en lui laissant la faculté
d'introduire dans les autres les objets ainsi fabriqués, il est évident que le breveté pourra livrer ses produits à bien meilleur
marché et satisfaire, beaucoup mieux par là même, les intérêts du
commerce et des consommateurs de tous les États de l'Union (2).

D'ailleurs, on n'a jamais présenté jusqu'ici, selon nous, un
argument décisif pour prouver que, dans l'intérêt général, il soit
nécessaire que la fabrication ait lieu dans le pays, ou dans tous
les pays, où le brevet a été délivré. MM. Assi et Genès, ingénieurs conseils à Paris, nous semblent au contraire avoir justifié,
depuis longtemps, la thèse contraire (3).

« ... Si l'on prononce la déchéance, — disent-ils — tous les
concurrents français de l'ex-breveté ayant désormais le droit de
vendre exactement le même produit que lui pour les écarter, il
réduira ses tarifs et cela au besoin jusqu'à l'extrême limite per-
mise par son bas prix de revient. Ceux-ci n'auront d'autre moyen
de lutter que de s'adresser à leur tour à la fabrication étrangère ;
et voilà l'importation augmentée, en même temps que se produit
un avilissement des prix, qui se fera sentir non seulement sur
le système même qui avait fait l'objet du brevet, mais aussi sur
tous les systèmes répondant aux mêmes besoins...

« Il y a même plus, cet inventeur qui aura établi sa fabrication

----

(1) Nous reprenons ici l'expression de *monopole*, employée par M. Pouillet (*loc. cit.*), mais nous ne la croyons pas juste. Nous estimons que la délivrance d'un brevet ne saurait être considérée comme une mesure purement
gracieuse du pouvoir, la concession d'un privilège ; selon nous, c'est la *sim-
ple reconnaissance d'une propriété*, d'une propriété incontestable, tout
aussi sacrée que n'importe quelle autre, qui ne s'acquiert d'ailleurs au détriment de personne et qui a, de plus, le grand avantage de faire retour au
domaine public au bout de peu d'années.

(2) M. Amassian, délégué de la Turquie à la Conférence diplomatique de
Paris (1880), faisait observer avec raison (séance du 9 novembre) que « il est
certain que si l'inventeur peut fabriquer là où il trouvera le plus avantageux
de le faire, il donnera ses produits à meilleur marché, ce qui sera profitable même au pays où il n'aura pas exploité, pays qui, par ce fait, perdra peu
pour gagner beaucoup... Il faut songer aux intérêts des consommateurs... »

(3) *Revue de droit commercial*, 1886, p. 93.

dans un pays étranger, y possédera probablement un brevet comme en France ; il pourra en avoir pris un également dans tous les principaux pays industriels ; il sera donc seul à pouvoir y fabriquer. Dans ces conditions, le jour où on le frappera de déchéance en France, ses concurrents français n'auront même pas la ressource de lutter avec lui en faisant fabriquer au dehors ; il n'aura plus de brevet en France et ne paiera plus d'annuités au Trésor ; mais il conservera, en fait, son privilège.

« Voilà donc l'alternative : ou l'inventeur conservera son privilège, tout en important ses produits et nonobstant la déchéance du brevet ; ou bien, si ses concurrents peuvent lutter avec lui, ce sera à la condition de s'adresser comme lui à la fabrication étrangère, de sorte qu'*on aura augmenté la somme des importations en voulant la réduire.* »

VI

En résumé, contraindre le breveté, dans un intérêt industriel égoïste, à fabriquer les objets de son invention dans les dix ou douze États où il se sera fait délivrer un brevet, nous paraît absolument inadmissible, en présence de la faculté qui lui est accordée par la Convention de 1883 d'introduire les dits objets dans tous les États de l'Union, pendant toute la durée du brevet et en telle quantité qui lui plaira.

M. Bozérian avait donc bien raison de dire, le 9 novembre 1880, à la Conférence diplomatique de Paris : « Cette *obligation de fabriquer interdit l'importation des objets* et je ne vois pas comment on peut concilier les deux dispositions, car si la fabrication doit être exclusive on ne peut avoir la faculté d'introduire... »

M. de Nebolsine, délégué du gouvernement russe à la Conférence diplomatique de Paris (1880) disait, de son côté (séance du 9 novembre), qu'il lui semblait « parfaitement injuste d'obliger le propriétaire d'un brevet à mettre en œuvre son invention dans tous les pays où il aura obtenu un brevet, sans lui laisser le choix de s'installer dans tel endroit qui lui conviendrait le mieux. Quant aux objections présentées contre notre système — ajoutait-il — elles rentrent dans le domaine de *la protection de l'industrie nationale en général,* laquelle *ne devrait en rien restreindre les droits des inventeurs* ».

On ne saurait mieux dire.

Si l'on permet à chacun des pays de l'Union de définir le sens des mots *exploiter un brevet* ; si, par conséquent, l'on permet aux magistrats de l'un ou de l'autre de ces pays de dire qu'il n'y a *exploitation suffisante* que s'il y a *fabrication effective* dans le pays où le brevet a été délivré, il est évident que le premier paragraphe de l'article 5 de la Convention de 1883, dont tout le monde est cependant d'accord à demander le maintien, n'existe plus, parce qu'il ne peut recevoir sa pleine et entière application : la faculté d'introduire dans l'un quelconque des pays de l'Union étant exclusive de l'obligation de fabriquer dans ce même pays.

D'ailleurs, il faut bien le reconnaître, toute disposition législative qui oblige le breveté à fabriquer les objets de son invention dans le pays où il a pris un brevet, et cela sous peine de déchéance, est excessive et inutile. Insérée dans certaines législations internes uniquement pour protéger l'industrie nationale, cette disposition ne répond même pas à ce but et est souvent de nature à porter de sérieux préjudices au commerce sans aucun intérêt pour l'industrie (1).

Aussi avons-nous l'espoir que les membres de la prochaine Conférence diplomatique de Bruxelles, — se rappelant, d'une part, qu'ils sont réunis en vertu de l'article 14 de la Convention de 1883, « en vue d'y introduire les améliorations de nature à perfectionner le système de l'Union — et, d'autre part, laissant de côté toutes considérations économiques qui n'ont pas de place dans une convention internationale dont le but unique est la protection de droits juridiques ressortissant de la propriété industrielle — voudront faire cesser enfin toutes les divergences d'opinions que l'article 5 a soulevées depuis quinze ans, et que,

(1) Il n'est peut-être pas sans intérêt de remarquer ici que plusieurs législations internes, comme celle de l'Italie ou de la Belgique par exemple, qui obligent l'inventeur à *exploiter* et se servent d'une expression analogue à celle de la législation française, n'imposent pas pour cela à l'inventeur étranger l'obligation de *fabriquer* dans leur pays.

M. Pelletier, délégué de la Tunisie à la Conférence diplomatique de Rome (1886), avait cru pouvoir affirmer (séance du 4 mai) que « dans la plupart des pays qui emploient dans leurs lois le terme *exploiter*, par exemple la Belgique et l'Italie, il a le sens de *fabriquer* ». MM. Monzilli (Italie) et M. Dujeux (Belgique) protestèrent immédiatement et affirmèrent que « chez eux l'obligation d'exploiter n'était pas comprise dans le sens indiqué par M. Pelletier... Pour ce qui regarde la loi italienne — a ajouté M. Monzilli — il y a une jurisprudence d'après laquelle les étrangers ne sont pas déchus de leur brevet s'ils n'ont pas établi en Italie la *fabrication* des objets brevetés ; cette fabrication peut avoir lieu en quelque pays que ce soit ».

dans ce but, ils donneront au mot *exploiter* une interprétation libérale de nature à assurer à l'inventeur, dans tous les pays unionistes sans exception, la protection à laquelle il a droit.

Il y aurait lieu, selon nous, en matière d'introduction, de considérer les frontières des pays unionistes comme n'existant pas et d'admettre, par suite, qu'un objet fabriqué dans l'un de ces pays est réputé fabriqué dans les autres (1).

Dès lors, il conviendrait de reprendre l'amendement de M. Dujeux (Belgique), présenté à la Conférence internationale de Paris (séance du 8 novembre 1880) et de remplacer le paragraphe 2 de l'article 5 par la disposition suivante.

« *Le titulaire d'un brevet, qui exploite son invention dans l'un des États de l'Union, ne pourra être déclaré déchu de ses droits dans les autres pays pour défaut d'exploitation.* »

C'est dans ce sens que le Congrès international du commerce et de l'industrie, tenu à Bruxelles en septembre 1897, paraît s'être prononcé (2) ; c'est dans ce sens que, dès 1878, se prononçaient les grandes sociétés industrielles de l'Autriche-Hongrie (3) ; c'est dans ce sens que nous avons demandé, à notre tour, au Congrès international de la propriété industrielle, tenu à Vienne en octobre 1897, d'émettre un vœu formel.

(1) Dans les traités intervenus entre l'Allemagne et l'Italie, aussi bien qu'entre l'Allemagne et la Suisse, une disposition particulière stipule que l'exploitation de l'invention dans l'un des deux pays est suffisante pour mettre l'inventeur à l'abri de la déchéance de son brevet. C'est dans ce sens que nous demandons le développement de l'article 5 de la Convention internationale de 1883.

(2) Sur la proposition de M. Casalonga, ingénieur-conseil à Paris, le Congrès a proclamé, à l'unanimité, l'obligation pour l'inventeur d'exploiter, et il a défini dans les termes suivants en quoi consiste cette obligation : « Dans l'offre à l'industrie du pays par l'inventeur ou son ayant cause, dans l'année qui suit la délivrance et au cours de chacune des années suivantes, par tous les moyens ordinaires de publicité, de l'exploitation de l'objet du brevet. L'inventeur devra justifier, le cas échéant devant les tribunaux, qu'il a fait réellement pour l'exploitation de son brevet tous les efforts qui dépendent de sa volonté. »

(3) La Société viennoise des ingénieurs et architectes autrichiens, la Société industrielle de la Basse-Autriche, les Sociétés industrielles de Kornneubourg et de Moravie, la Société polytechnique allemande et pour l'encouragement de l'industrie en Bohême, la Société des ingénieurs et architectes de Bohême, le Club polytechnique de Graz, adressèrent, en 1878, au Congrès international de la propriété artistique de Paris, d'intéressants mémoires dont la conclusion, sur le point spécial qui nous occupe, se formulait en ces termes : « *La déchéance pour défaut ou insuffisance d'exploitation devrait disparaître des législations.* »
Consulter dans les Comptes rendus sténographiques du Congrès de Paris (1878), le rapport de M. Ch. Lyon-Caen (p. 53 à 55) et les annexes 8, 9 et 10.

VII

A ce Congrès (1), les rapports spéciaux des délégués allemands, anglais et autrichiens demandaient formellement que les ressortissants de l'Union fussent relevés de l'obligation d'exploiter leur invention dans les différents États. M. Von Schütz (de Berlin) disait : « Peu importe, en réalité, où la machine est fabriquée ; ce qui importe, c'est qu'elle fonctionne dans le pays où l'inventeur s'est fait breveter. » — «... L'obligation d'exploiter, ajoutait à son tour M. Paul Schmid, renchérit en fait la marchandise dans le pays où cette obligation est imposée : le seul moyen de se défendre contre l'importation étrangère, c'est la taxe douanière (2). »

Le rapporteur général des travaux préparatoires du Congrès de Vienne, M. Georges Maillard (de Paris), ne dissimula pas ce qu'avaient de « pressantes » les raisons invoquées par ceux qui demandaient la suppression de l'obligation d'exploiter dans les rapports entre les États de l'Union (3); mais, estimant qu'il n'était pas permis d'espérer qu'on obtînt de la prochaine Conférence de Bruxelles une modification aussi radicale de l'article 5 de la Convention de 1883, M. G. Maillard fit une « proposition transactionnelle » et demanda au Congrès de modifier l'alinéa 2 de l'article 5 en ces termes :

« Le brevet délivré à un ressortissant de l'Union ne pourra être déclaré déchu pour cause de non-exploitation dans le pays où il a été délivré, que si, après l'expiration d'une période de trois ans à dater de la délivrance du brevet, le breveté a repoussé une demande de licence présentée, sur des bases équitables, par un industriel ayant son principal établissement dans ledit pays. »

(1) Le Congrès de Vienne était le premier congrès organisé sous le patronage de l'*Association internationale pour la protection de la propriété industrielle*, dont la fondation remonte seulement au mois de mai 1897, mais qui compte déjà un grand nombre d'industriels et de jurisconsultes de tous les pays.

(2) M. Martius (de Berlin) a fait très judicieusement remarquer que l'obligation d'exploiter, imposée par la législation française, a attiré des industriels allemands en France au détriment même de l'industrie nationale française et des droits de douane ; que la France n'en a, par suite, guère profité et que la main-d'œuvre nationale n'y trouve même pas son compte, puisque les industriels allemands qui se sont installés en France, pour y fabriquer les produits de leur invention afin d'éviter toute déchéance de leur brevet, avaient amené avec eux des ouvriers allemands et n'avaient eu recours que très rarement à des ouvriers français.

(3) Rapport général, p. 79.

La discussion ayant été ouverte sur cette proposition, nous nous sommes efforcés de démontrer la nécessité de demander à la Conférence de Bruxelles une modification plus précise, mettant fin à toutes les controverses soulevées, depuis 1883, sur la détermination du mot *exploiter*.

Nous comprenons à merveille — avons-nous dit — que l'on ne demande pas encore à la Conférence de Bruxelles, avant de s'être livré à une étude plus complète des législations internes et des modifications dont elles peuvent être susceptibles sur ce point, la suppression complète de l'*obligation d'exploiter*, c'est-à-dire de l'obligation pour le breveté de faire profiter tous les États de l'Union de son invention ou des produits de son invention, de les offrir au public, aux consommateurs, à tous ceux qui veulent les utiliser dans leur commerce ou leur industrie. Mais il importe que la Conférence de Bruxelles dise nettement que cette *obligation d'exploiter* n'entraîne pas pour le breveté l'*obligation de fabriquer* les produits de son invention dans tous les pays unionistes ; ce qui est dénué de sens alors que la Convention de 1883 lui a accordé la *faculté d'introduire* : cette faculté étant incompatible avec l'obligation dont s'agit. Et, pour ne laisser subsister aucun doute sur le sens du mot *exploiter*, tel qu'il doit être entendu dans une convention internationale ayant pour but exclusif la protection de la propriété industrielle, la protection de l'invention et de l'inventeur, nous avons proposé de recommander à la Conférence de Bruxelles une rédaction nouvelle du paragraphe 2 de l'article 5 de la Convention, lequel serait désormais ainsi libellé :

« Toutefois le breveté restera soumis à l'obligation d'exploiter son brevet conformément aux lois du pays où il introduit les objets brevetés, *sans pour cela être tenu d'y fabriquer les objets auxquels son brevet s'applique* (1). »

Nous n'avons pas dissimulé au Congrès de Vienne que cette rédaction devait rencontrer une opposition énergique de la part des délégués du gouvernement français à Bruxelles ; mais

____

(1) Les mots en *italiques* seraient seuls ajoutés au second paragraphe de l'article 5 de la Convention tel qu'il est rédigé depuis 1883.

Cette ajoute, on voudra bien le remarquer, est exactement contraire à celle que proposait à la Conférence de Rome, en 1886, M. Michel Pelletier (délégué de la Tunisie), puisqu'il demandait d'ajouter audit paragraphe les mots suivants : « ... *en y fabriquant les objets auxquels il s'applique.* »

Si la Conférence de Bruxelles adoptait notre rédaction, il n'y aurait donc aucune ambiguïté possible sur le sens et la portée du mot *exploiter*.

nous ne pouvions oublier qu'elle rencontrerait certainement l'appui des délégués des Etats-Unis, de la Grande-Bretagne, de l'Allemagne, de l'Autriche-Hongrie, de l'Italie, de la Suisse, peut-être même de la Belgique. Dans ces circonstances, l'entente n'est-elle pas possible et les délégués de la France voudront-ils ne pas engager leur Gouvernement à consentir l'interprétation logique et grammaticale d'un mot de notre belle langue française ?

En 1883, pour former l'Union, la France a déjà consenti à laisser au breveté étranger la faculté d'introduire ; voudra-t-elle, en 1897, pour consolider cette Union et en étendre les bienfaits, affranchir le breveté de l'obligation de fabriquer, dans tous les pays unionistes, les produits de son invention ? — Nous avons confiance dans l'esprit libéral du Gouvernement français ; nous sommes convaincu qu'il ne voudra pas demeurer en arrière dans la voie du progrès, lui — et c'est son honneur et sa gloire — qui s'est toujours montré à sa tête depuis si longtemps. Aussi le prions-nous respectueusement de donner à ses délégués des instructions formelles pour leur permettre de s'associer aux délégués des autres pays unionistes, qui veulent donner au mot *exploiter* de l'article 5 de la Convention de 1883 le sens restreint qu'il comporte.

Quoi qu'il en soit, notre proposition a été rejetée par le Congrès de Vienne par 35 voix contre 24 et la proposition transactionnelle du rapporteur général M. Georges Maillard a été votée à l'unanimité moins quelques voix (1).

Il convient toutefois d'ajouter que, immédiatement après ce vote et sur la proposition même de l'honorable M. Exner (Autriche), président du Congrès, la proposition suivante a été acclamée comme répondant exactement aux sentiments de tous les membres présents à la réunion :

Le Congrès est d'avis qu'il sera nécessaire, dans l'avenir, d'abandonner en principe l'obligation d'exploiter.

---

(1) Si l'on veut bien relire le texte même de la proposition de M. Maillard reproduite plus haut (p. 13, *in fine*), on se rendra facilement compte qu'elle aboutit, sans le dire d'une façon précise, au même résultat que la nôtre. En effet, si la déchéance pour cause de non-exploitation ne peut être prononcée *que si*, en dehors de toutes les autres causes d'inaction du breveté, « il a repoussé une demande de licence », il paraît évident que le breveté, qui n'aura pas *fabriqué* dans un des pays de l'Union où il introduit ses produits fabriqués ailleurs, ne pourra être déclaré déchu tant qu'il n'aura pas « repoussé une demande de licence présentée sur des bases équitables ». Cela ne revient-il pas à dire que le défaut de *fabrication* seul n'entraîne pas la déchéance ?

Après ce vote, nous osons penser que la thèse que nous avons soutenue ne rencontrera plus guère de contradicteurs et c'est avec confiance que nous attendons la délibération de la Conférence diplomatique de Bruxelles, qui se réunit le 1er décembre prochain (1) et à laquelle nous nous permettons de soumettre, comme pouvant être adoptée par un grand nombre de ses délégués, la rédaction de l'article 5 suivante :

ART. 5. — *L'introduction par le breveté, dans le pays où le brevet a été délivré, d'objets fabriqués dans l'un ou l'autre des Etats de l'Union, n'entraînera pas là déchéance.*

Toutefois, le breveté restera soumis à l'obligation d'exploiter son brevet conformément aux lois du pays où il introduit les objets brevetés, SANS POUR CELA ÊTRE TENU D'Y FABRIQUER LES OBJETS AUXQUELS SON BREVET S'APPLIQUE (2).

(1) En tous cas, il est dès à présent certain que le second congrès organisé par l'*Association internationale pour la protection de la propriété industrielle,* qui doit se tenir à Londres au mois de mai 1898, examinera les moyens de supprimer dans toutes les législations la déchéance pour défaut d'exploitation.

(2) Ces derniers mots, ajoutés à la rédaction actuelle, constituent la seule modification par nous proposée.

BIBLIOTHÈQUE NATIONALE — R. F. — IMPRIMÉS

Imp. G. Saint-Aubin et Thevenot. — J. Thevenot, successeur, Saint-Dizier (Hte-Marne).